Marcelo Ariel

ESCUDOS
Cinco R.A.P.s e um samba escritos com Cruz e Sousa

A VIDA DE CLARICE LISPECTOR
Novela breve

exemplar nº 016

Curitiba
2022

projeto gráfico **Frede Tizzot**

encadernação **Lab. Gráfico Arte & Letra**

© Editora Arte e Letra, 2022
© Marcelo Ariel 2022

A 698
Ariel, Marcelo
Escudos : seguido de A vida de Clarice Lispector / Marcelo Ariel. –
Curitiba : Arte & Letra, 2022.

80 p.
ISBN 978-65-87603-36-0

Poesia brasileira   I. Título

CDD 869.1

Índice para catálogo sistemático:
1. Poesia : Literatura brasileira   869.4
Catalogação na Fonte
Bibliotecária responsável: Ana Lúcia Merege - CRB-7 4667

Arte & Letra
Curitiba - PR - Brasil
Fone: (41) 3223-5302
www.arteeletra.com.br - contato@arteeletra.com.br

Nota do autor

A alteridade é um estado dialógico e também o principal vetor destes dois pequenos livros aqui reunidos. No primeiro há um diálogo de ressonância com e dentro do livro BROQUÉIS de Cruz e Sousa gerando uma espécie de R.A.P. que já estava lá e é expandido até o momento presente. O segundo é uma novela onde sou Clarice Lispector, desde o primeiro instante em que lemos esse texto, o que havia antes do pensamento se move para o lugar onde somos a coisa híbrida que recebe a voz dentro do corpo.

A ENTRE/VOZ DE MARCELO ARIEL

Tarso de Melo

Não é a primeira vez que Marcelo Ariel, um dos mais extraordinários e inquietos poetas de sua geração, convida seus leitores para uma experiência de transtorno. Nas páginas que se seguem, desde o primeiro verso incidental em itálico a atravessar o caminho do poema clássico de Cruz e Sousa até a sobreposição/ multiplicação da voz de Clarice Lispector, somos colocados numa atmosfera de desorientação, de descaminho, de ambiguidade, que o poeta não deixa ceder. Esta, aliás, é sua tarefa.
Ouvir a voz alheia. Deixar falar a própria voz em meio à voz dos outros. Das outras. Perder a própria voz no fluxo das outras vozes. Tomar a voz dos outros. Deixar-se tomar por elas. Deixar a voz alheia falar com a sua língua, de dentro da sua boca, voltar pelos seus ouvidos – dizer tudo novamente, de novo, de forma nova. Dizer-se por meio de uma voz que só pode surgir nos meandros de outras tantas vozes. Assim se aventura Marcelo Ariel, assim ele se lança – e nos convida – para esse livro – duplo, múltiplo

– cujo princípio ativo parece ser a fusão, porque, na primeira parte, a identidade da voz de Cruz e Sousa é tensionada pela intervenção dessa outra voz – que é a de Ariel, mas nunca apenas a sua – que rasga a atmosfera "harmônica" do poeta da Ilha do Desterro, atacando-a com seus excessos de concreto, relâmpagos, gritos, para dar nova forma a uma voz que o poeta de Santos recebe em seu corpo, mas que não cabe nele e precisa explodir/implodir: "somos a coisa híbrida que recebe a voz dentro do corpo". Por isso, vale dizer: é parte do nosso transtorno-leitor não identificar se é a voz de Ariel que intervém na de Cruz e Sousa ou se é o contrário – se é o imenso poeta negro da ilha de Santa Catarina que vem continuar, por entre os versos de Ariel, uma conversa que não se encerra no seu tempo, nas suas páginas, nos limites de sua própria vida.

Nessa ambiguidade, não sabemos se estamos diante do gesto de um poeta que, hoje, decide tomar para si – para nós – os poemas do século XIX, fazendo-os cantar para este outro tempo, fazendo-os falar ainda mais alto, ou se o que lemos é o poema que segue sendo escrito, através dos tempos, por gerações de poetas negros. Ainda é viva a frase certeira que Paulo Leminski gravou na pequena e instigante biografia que dedicou ao poeta: "Não era fácil ser Cruz e Sousa". Não era fácil ser Cruz e Sousa, não é fácil ser Marcelo Ariel, nunca foi fácil ser negro neste país que odeia quem o construiu, que destrói quem foi obrigado a construí-lo. E é por isso, por ser difícil a tarefa, por ser uma luta que se estende pelos séculos, porque há milhares de Joões da Cruz e Sousa à nossa volta, que as vozes de Ariel e Cruz e Sousa se fundem para seguir atacando, ora como rap (Cruz e Sousa sampleado por Ariel?), ora como samba (Ariel incidental no partido-alto de Cruz e Sousa?), mas, na verdade, sempre com a agudez de uma forma que se inventa para dar conta do que ainda há para ser dito nesse mesmo-outro tempo.

É preciso lembrar, ainda, de outra lição de Leminski (lendo Saussurre, lido por Starobinski) sobre o simbolista: a figura prevalecente na poesia de Cruz e Sousa é o anagrama. Leminski vai escavar, em seus poemas, "palavras dispersas, em sílabas dentro de versos, naufragadas, naugrafadas. As palavras que as sílabas de uma outra palavra emitem, insinuam, ameaçam, esboçam, prenunciam: projetam."

Entre os exemplos, o poeta curitibano vai destacar uma "algema" que se esconde no verso "tua AL-ma suplicando GEMA". Assim, é impossível não ouvir o encontro entre a voz de Ariel e Cruz e Sousa como um rearranjo – um abalo – das camadas desses anagramas, já encontráveis nos versos de Cruz e Sousa, mas que se multiplicam (e tenho repetido aqui essa figura matemática, porque é a sensação que me acompanhou na leitura do livro: tudo aqui se multiplica, tudo aqui é múltiplo) quando Ariel revela as palavras por dizer que nascem de seu corpo a corpo com os poemas.

Na segunda parte deste livro – e é importante frisar que é a segunda, que em parte se desgarra da primeira parte, mas permanece ligada a ela, entre outras razões, porque é o leitor que atravessou as siderações/gravitações da primeira parte que se deparará com o fluxo implacável da voz de Clarice Lispector –, a experiência de transtorno se torna ainda mais vertiginosa, porque não há sequer o socorro dos itálicos para que o leitor se segure na travessia das páginas. Sem cerimônia, Ariel engole Clarice Lispector – ou se deixa engolir por ela? –, pega a caneta e põe para rodar imagens e mais imagens que se projetam para formar uma espécie de autobiografia em abismo, narrada em queda livre, em que tudo que é conhecido se torna irreconhecível, em que vida e sonho são indiscerníveis, em que o tom da voz pode ser ao mesmo tempo absolutamente íntimo e assustadoramente estrangeiro (como é, ademais, o português de Clarice, não?).

Em certo sentido, Marcelo Ariel leva ao extremo um procedimento a que a obra de Clarice Lispector tem sido submetida por multidões de leitores. Explico: Clarice talvez seja a autora a que mais são atribuídas frases e mais frases que circulam na internet. É um fenômeno curiosíssimo, diante do qual não me parece tão importante saber se as frases são mesmo de sua autoria, quanto indagar pela força que essa obra tem para se espalhar como ela-mesma e também como ela-outra. Como original e como cópia. Como autêntica e como falsificação. E o mais incrível: com a mesma capacidade de mobilização dos afetos de seus leitores e de seus nunca-leitores. A novela de Ariel-Clarice (e não posso deixar de notar que as letras de Ariel estão anagramadas em Clarice) se lança nessa atmosfera caprichosamente ambígua, em que se desfazem quaisquer noções restritivas de autoria e originalidade, para, coerentemente, propor uma autobiografia que não foi escrita por ela, mas que só pode ter sido escrita por ela, sob o efeito dela, por influxo dela, com a voz dela, até se desatar numa entrevista entre ela e ela.

Enfim, leitor, leitora, mais do que tentar identificar as margens entre as palavras que formam este livro poderoso e, assim, reduzi-lo a algo menos perturbador, sugiro que se entregue a ele com a mesma liberdade com que o escreveram Marcelo Ariel, Cruz e Sousa e Clarice Lispector. Só assim ele se entregará por inteiro.

São Bernardo do Campo, 30 de agosto de 2022.

ESCUDOS

Cinco R.A.Ps e um samba escritos com Cruz & Sousa

ANTÍFONA
ANTÍFONA

Ó Formas alvas, brancas, Formas claras
E aí, branquitudes, purezas, certezas
De luares, de neves, de neblinas!...
De clareiras, nuvens, névoas
Ó Formas vagas, fluidas, cristalinas...
E aí, branquíssimas peles lapidadas
Incensos dos turíbulos das aras...
nuvens brancas atravessando avenidas cercadas
Formas do Amor, constelarmente puras,
Modos de se matar, celestiais estáticos
De Virgens e de Santas vaporosas...
Em estados líquidos, enevoados
Brilhos errantes, mádidas frescuras
Fosforescências efêmeras
E dolências de lírios e de rosas...
e melancólicas orquídeas vaporosas
Indefiníveis músicas supremas,
Inefáveis mixtapes esquecidas
Harmonias da Cor e do Perfume...
perfeitas mas sem cheiros e sem lume
Horas do Ocaso, trêmulas, extremas,

vindo em ondas de sangue que o Sol queima
Réquiem do Sol que a Dor da Luz resume...
Velórios da luz no vidro que o projétil quebra
Visões, salmos e cânticos serenos,
Delírios, funks, risos, celas
Surdinas de órgãos flébeis, soluçantes...
Ecos de toques de celulares nas biqueiras
Dormências de volúpicos venenos
Sonambulismos do beck com doce batendo na viela
Sutis e suaves, mórbidos, radiantes...
vagos e violentos, santos rostos faiscantes
Infinitos espíritos dispersos,
Duplos vetorizados, capturados logo adiante
Inefáveis, edênicos, aéreos,
encurralados ao revés por ancestrais, mortos, indigentes
Fecundai o Mistério destes versos
florescendo em galáxias distantes
Com a chama ideal de todos os mistérios.
na parte azul do sangue, nenhuma verdade
Do Sonho as mais azuis diafaneidades
alucinações em vermelho, nos olhos que se fecham
Que fuljam, que na Estrofe se levantem
que se dissolvam no refrão gritando não
E as emoções, sodas as castidades
com o sentimento sonoro, vertendo em espuma a interdição

Da alma do Verso, pelos versos cantem.
nas ruas as almas dos internos, crianças-onças-pardas
Que o pólen de ouro dos mais finos astros
germinando o sonho do mais fino grão do ser
Fecunde e inflame a rime clara e ardente...
sejam flores, os que desabrochando debaixo do chão e
Que brilhe a correção dos alabastros
como baleias nadando no mar de esgoto, em sua amplidão
Sonoramente, luminosamente.
entoando para a luz, a ultima canção evocando
Forças originais, essência, graça
forças de dentro que jamais avançam em vão
De carnes de mulher, delicadezas...
através da pele mestiça e negra, docemente
Todo esse eflúvio que por ondas passe
dos rios soterrados, subindo em ondas quentes
Do Éter nas róseas e áureas correntezas...
sobem, crescem, todos sentem
Cristais diluídos de clarões álacres,
tudo se refletindo em tudo, sem alarde
Desejos, vibrações, ânsias, alentos,
Eros regendo o ritmo das carnes
Fulvas vitórias, triunfamentos acres,
E aí, Branquitudes, a hora é agora!
Os mais estranhos estremecimentos...

a mais feroz doçura
Flores negras do tédio e flores vagas
desce até a piscina a matéria escura
De amores vãos, tantálicos, doentios...
de tristezas cósmicas, sem vagueza
Fundas vermelhidões de velhas chagas
fendas, falésias, fios, chamas, feras são
Em sangue, abertas, escorrendo em rios...
sangram, fluem, pela água, antes represada
Tudo! vivo e nervoso e quente e forte,
cristalina fome de ser que vem do fundo, como a morte
Nos turbilhões quiméricos do Sonho,
vórtices, espirais de outra realidade
Passe, cantando, ante o perfil medonho
engolem vossos corpos, como o sono
E o tropel cabalístico da Morte...
chega para reger a manhã da insurreição

SIDERAÇÕES
GRAVITAÇÕES

Para as Estrelas de cristais gelados
Para os oceanos que vagam na matéria escura
As ânsias e os desejos vão subindo,
os sentimentos vastos são atraídos
Galgando azuis e siderais noivados
como no casamento do Sol e da Lua
De nuvens brancas a amplidão vestindo...
a anterioridade de contrários se fundindo
Num cortejo de cânticos alados
num ritmo, pulsação e vibração contínuos
Os arcanjos, as cítaras ferindo,
crianças na ocupação cantam esse hino
Passam, das vestes nos troféus prateados,
dançando com seus corpos negros azuis e cabelos prateados
As asas de ouro finamente abrindo...
de uma revoada de pássaros no peito tatuado
Dos etéreos turíbulos de neve
fortes em porosidade etérea
Claro incenso aromal, límpido e leve,
doçuras moventes, risos firmes permanentes
Ondas nevoentas de Visões levanta...

atravessam o sereno
E as ânsias e os desejos infinitos
agem derrubando muros, tropas, policias, fascistas
Vão com os arcanjos formulando ritos
da insurreição dos proscritos
Da Eternidade que nos Astros canta…
ecoando a força infinita de um grito

LÉSBIA
LÉSBIA

Cróton selvagem, tinhorão lascivo,
Jurema incontrolável, ondina sensual

Planta mortal, carnívora, sangrenta,
Flor assustadora, humana, animal

Da tua carne báquica rebenta
o aroma de sua pele explode

A vermelha explosão de um sangue vivo.
da rosa vermelha no mar negro

Nesse lábio mordente e convulsivo,
a língua nos dentes sem segredo

Ri, ri risadas de expressão violenta
gozo furioso potente

O Amor, trágico e triste, e passe, lenta,
como o erótico relâmpago ridente

A morte, o espasmo gélido, aflitivo...
no dia claro, infinitivo e recente

Lésbia nervosa, fascinante e doente,
Ninfa e fúria, exuberante, ardente

Cruel e demoníaca serpente
Lilith monádica imanente

Das flamejantes atrações do gozo.
no paraíso em chamas

Dos teus seios acídulos, amargos,
da tua buceta em sonho

Fluem capros aromas e os letargos,
odores do mar que diluem a mente

Os ópios de um luar tuberculoso...
que nesse incêndio, anunciam a morte de um mundo hético e belicoso.

MÚMIA
MÚMIA

Múmia de sangue e lama e terra e treva,
Morto envolto em véus que erra

Podridão feita deusa de granito,
Dissolvida, imóvel e proscrita

Que surges dos mistérios do Infinito
escondida nas entranhas do inaudito

Amamentada na lascívia de Eva.
Ressurgindo em prateada treva

Tua boca voraz se farta e ceva
dos movimentos ínfimos
que o corpo conserva

Na carne e espalhas o terror maldito,
inverso do rastro extinto da estrela

O grito humano, o doloroso grito
stratonava

Que um vento estranho para és limbos leva.
até a borda de ciclones e abismos

Báratros, criptas, dédalos atrozes
a todos a terra chama

Escancaram-se aos tétricos, ferozes
abrindo-se em dobras vorazes

Uivos tremendos com luxúria e cio...
cortando por dentro as vozes

Ris a punhais de frígidos sarcasmos
extinguindo o ar na amplidão

E deve dar congélidos espasmos
quando explode os sentidos da razão,
atraindo no fulgor da vastidão

O teu beijo de pedra horrendo e frio!...

LITANIA DOS POBRES
SAMBA DOS DESPOSSUÍDOS

Os miseráveis, os rotos
que aqui não são poucos

São as flores dos esgotos.
desabrochando nas margens dos rios enterrados

São espectros implacáveis
de almas inflamáveis

Os rotos, os miseráveis.
e a vida bruta em que jazem
São prantos negros de furnas
lágrimas veladas em brumas

Caladas, mudas, soturnas.
São os grandes visionários
confundidos com os otários

Dos abismos tumultuários.
Sobrenaturais e extraordinários
As sombras das sombras mortas,
luzes perenes

Cegos, a tatear nas portas.
Procurando o céu, aflitos
E varando o céu de gritos.
Faróis à noite apagados
Por ventos desesperados.
Inúteis, cansados braços
Pedindo amor aos Espaços.
Mãos inquietas, estendidas
Ao vão deserto das vidas.
Figuras que o Santo Ofício
Condena a feroz suplício.
Arcas soltas ao nevoento
Dilúvio do Esquecimento.
Perdidas na correnteza
Das culpas da Natureza.
Ó pobres! Soluços feitos
Dos pecados imperfeitos!
Arrancadas amarguras
Cruzes de luzes transparentes
Do fundo das sepulturas.
Imagens dos deletérios,
Ofuscadas coisas e entes
Imponderáveis mistérios.
Bandeiras rotas, sem nome,
Com brasões de quem os consome

Das barricadas da fome.
Bandeiras estraçalhadas
Lá no alto eriçadas, ignorando
Das sangrentas barricadas.
Os punhos erguidos de
Fantasmas vãos, sibilinos
silenciosos como submersos sinos
Da caverna dos Destinos!

Ó pobres! o vosso bando
É tremendo, é formidando!
E já está se levantando
Ele já marcha crescendo,
O vosso bando tremendo...
Ele marcha por colinas,
Por montes e por campinas.
Nos areais e nas serras
Em hostes como as de guerras.
Cerradas legiões estranhas
A subir, descer montanhas.
Morros, muros, romper os portões
das senzalas-celas

Como avalanches terríveis
Enchendo plagas incríveis.

Atravessa já os mares,
de sangue dentro dos lares
Com aspectos singulares.
Perde-se além nas distâncias
A caravana das ânsias.
Perde-se além na poeira,
da gentrificação dos centros
Das Esferas na cegueira.
Vai enchendo o estranho mundo
Com o seu soluçar profundo.
nas guaritas, sentados nas calçadas
comendo as marmitas
Como torres formidandas
De torturas miserandas.
Anuladas num gesto das forças
de dentro
E de tal forma no imenso
pensar este inédito gesto-
Mundo ele se torna denso.
E de tal forma se arrasta
Por toda a região mais vasta.
E de tal forma um encanto
Secreto vos veste tanto.
E de tal forma já cresce
O bando, que em vós parece.

Um coro de prantos
Ó Pobres de ocultas chagas
Lá das mais longínquas plagas!
Parece que em vós há sonho
sem ressonância ou convergência
E o vosso bando é risonho.
Que através das rotas vestes
o corpo com o qual esqueces
Trazeis delícias celestes.
Que as vossas bocas, de um vinho
Prelibam todo o carinho...
sono da onça que dorme em um cisne
Que os vossos olhos sombrios
Acesos como pavio
Trazem raros amavios.
Que as vossas almas trevosas
cheias de tremor sem temor
Vêm cheias de odor das rosas.
De torpores, de indolências
Fúrias e impaciências
E graças e quintessências.
Que já livres de martírios
Vêm festonadas de lírios.
como nascentes de rios
Vem nimbadas de magia

De morna melancolia!
Que essas flageladas almas
Reverdecem como palmas.
Balanceadas no letargo
Dos sopros que vem do largo...
Radiantes de ilusionismos,
Segredos, orientalismos.
No mar não desaguam
Que como em águas de lagos
Boiam nelas cisnes vagos...
Que essas cabeças errantes
Vomitando ouro e diamantes
Trazem louros verdejantes.

E a languidez fugitiva
Assustada com a visão no horizonte
De alguma esperança viva.
Que trazeis magos aspeitos
E o vosso bando é de eleitos.
Que vestes a pompa ardente
Do velho Sonho dolente.
triunfam sem que ninguém os veja
Que por entre os estertores
Ó reis opressores, que de nada suspeitam
Sois uns belos sonhadores.

CLAMANDO...
GRITANDO...
Bárbaros vãos, dementes e terríveis
Selvagens seguem, imponentes e firmes
Bonzos tremendos de ferrenho aspecto,
Rostos como árvores em chamas sublimes

Ah! deste ser todo o clarão secreto
E há em nós um desvão de sonho

Jamais pôde inflamar-vos, Impassíveis!
Passa incólume pela neblina gasta
Tantas guerras bizarras e incoercíveis
Massacres tristes sem pausa
No tempo e tanto, tanto imenso afeto,
Se perde no momento harmonioso
São para vós menos que um verme e inseto
Descriado pelos poderosos
Na corrente vital pouco sensíveis.
frios para o sentimento vasto
No entanto nessas guerras mais bizarras
Por cima destes mortos insepultos

De sol, clarins e rútilas fanfarras,
Dançam sem trégua, a feroz alegria

Nessas radiantes e profundas
Florestas vivas, arvores-pajés, piranhas sagradas
As minhas carnes se dilaceraram
Se misturam com as chamas que desmatam
E vão, das llusões que flamejaram,
Se convertendo num canto, grito mais alto
Com o próprio sangue fecundando as terras...
Avançamos como um mar por cima das Serras

CARNAL E MÍSTICO
CARNAL E MÍSTICO

Pelas regiões tenuíssimas da bruma
que como incenso sobe sonho adentro
Vagam as Virgens e as Estrelas raras...
Como barcos no sangue, encobertas pelas caras
Como que o leve aroma das searas
Envolvendo os nomes, suas auras
Todo o horizonte em derredor perfuma.
Paisagens oceânicas de dentro
Numa evaporação de branca espuma
Vão diluindo as perspectivas claras...
Subindo para a matéria escura
Com brilhos crus e fúlgidos de tiaras
As Estrelas apagam-se uma a uma.
Cantando o não-ser do além tempo

E então, na treva, em místicas dormências,
Ignorando os corpos, suas carências
Desfila, com sidéreas lactescências,
A saudade futura desse momento
Das Virgens o sonâmbulo cortejo...
De almas livres do tormento
Ó Formas vagas, nebulosidades!
De cidades e sociedades
Essência das eternas virgindades!
Se dissolvendo no silêncio
Ó intensas quimeras do Desejo...
Ó multiversos onde nenhum deus vejo

A VIDA DE CLARICE LISPECTOR

Novela breve

"Quando as pessoas que escrevem dizem 'quando se escreve, se está concentrado', eu diria: não, quando escrevo, tenho a sensação de estar na extrema desconcentração, não me possuo mais de jeito nenhum, sou eu mesma instável, tenho a cabeça perfurada. Só posso explicar o que escrevo dessa maneira, porque há coisas que eu não reconheço, naquilo que escrevo. Então elas vêm de outra parte, não estou sozinha quando escrevo. Isso eu sei. É pretensão acreditar que se está só diante da folha de papel quando tudo lhe chega de todos os lados". [Marguerite Duras]

"Que outro modo, mais sugestivo, encontraria Julia Marquezim Enone para nos segredar sua concepção da linguagem e do parentesco da linguagem e do parentesco da linguagem com o emaranhado das coisas?"
[Osman Lins]

MORTE

, agora sou tudo, tudo o que explode, tudo o que racha, tudo o que fende e sinto um tipo novo de sede, sim, existe toda uma constelação de diferentes sedes dentro do corpo estou sentindo o desejo incontrolável de enfiar a cabeça dentro do oceano e beber um grande gole de água salgada estou possuída pela sede demoníaca, perto de mim, na cabeceira da cama, há um copo d'água com uma rosa vivendo nele. Como será sentir a sede da rosa em um copo vazio? saiu de mim ou do Deus a água que enchera o copo onde a rosa agora vive e eu tão menor que ela, tão menos sublime esvaziei-me para alimentá-la a fim de preferir sua vida menos maliciosa, menos consciente e por isso, com mais direito à existência, pertencendo ao jamais onde me agarro com dentes amarelados e unhas já esfoladas. Sou o que eu persigo. Toda rudeza. Toda imobilidade, na verdade, transformo-me nesse copo vazio. Sou o que veio antes da água e fui bebida num gole só, sei como é esta outra sede demoníaca porque estou morrendo mais rápido do que antes. Estou dentro de uma coisa chamada: 'Paciente em estado crítico' e essa coisa é como ser um copo para a terrível ausência de um campo de rosas vivas gosto de olhar a rosa e enxergá-la na sua existência de cor e perfume, porque instintivamente os sentidos me resgatam do esquecimento. Toda rosa é uma verdade que me alcança agora que finalmente penetrei no silêncio com as minhas próprias mãos, confesso que minhas mãos se parecem agora com duas águas-vivas dormindo no meio do oceano, quando digo no meio do oceano quero dizer na parte insondável, estou pensando o seguinte: se me esforço um pouco posso ver minhas duas mãos velando meu corpo aproveito para ordenar mentalmente a uma delas que me apanhe um cigarro, assim, por puro prazer em ver – me de alguma forma queimando, na tentativa de fabricar um hieróglifo – tatuagem na pele interior, embora não tenha mais importância saber qual é a marca do maço de cigarros que minha amiga trouxe escondido, dentro da bolsa – dispositivo flutuante que me aparta do naufrágio –, e minha mão esquerda dança até a bolsa no colo da minha amiga que está realmente dormindo e abre o zíper com o cuidado, como se desarmasse uma bomba, não gostaria que ela acordasse, o detalhe que dificulta um pouco são essas agulhas (novas bússola através das quais me conservo ciente das inimagináveis possíveis direções) nos meus pulsos, esses dois cordões umbilicais que imagino me ligam mais a morte do que a vida, sei que não deveria pensar desse modo, mas algo se pensa e é porque estou vivendo na superfície do paradoxo de uma áspera desorientação que não alcança o que acomodava o ser, gostaria de estar escrevendo o que estou pensando aqui na falsa escuridão interior da doença, o paradoxo é o contraste entre esta falsa escuridão profunda da proximidade do instante-verdade da morte e a iluminação suave da presença da amiga, luz e vertigem suave que toda presença é, o que me extrai do estado de quase não-ser é esta centralização dos volumes e estados, ajuda-me a fabular o meu estado físico de pertencimento ao quarto. Percebo-me no que se manifesta. A amiga que se lembrou de comprar minha marca preferida de cigarro funde-se com o que sou e com o Ser ao mesmo tempo, foi a coisa que o algo pensou quando ela sussurrou no meu ouvido: Clarice, meu amor eu trouxe um maço de Marlboro e uma maçã, é óbvio que nada disso está realmente acontecendo e que estou dentro daquilo que em linguagem médica é conhecido como onirismo, onde a consciência não tem como saber se estamos sonhando ou acordados no entanto, tudo o que percebo é que a presença é como uma janela aberta para o que existe no fundo do que sinto sendo e não sendo ao mesmo tempo e sinto uma vontade imensa de acender um cigarro no instante em que os olhos da amiga estejam quase apagados tentativa de vida da brasa entre os segundo sem tempos que se traga a fumaça da ansiedade-esperança-selvagem, o tabaco que não se intimida entre as agulhas insistentes. o que mais prezo é a nicotina e recordo-me do que é nascer e morrer durante o que sorvo da fumaça, quando enxergo o Algo que pousa brilhante nas paredes verde-aguadas do não-lugar, elas se estremecem como as algas no mar que é minha alcova atual antes disso, no enquanto, enxergo do lado esquerdo da janela, logo abaixo da última esquadria, uma descamação da parede que aconteceu por causa da umidade dos tempos chuvosos. Já imagino os resquícios de tinta e cal embaixo da unha de uma criança levada pelo destemido desejo de apagar a mancha. Penso no sabor terroso que pisará na língua deste querubim provisório e lembro da maçã tão verde que minha amiga me trouxe na bolsa uma bolsa parecida com a que carreguei comigo durante esses anos todos. onde pude projetar um mundo particular, onde levei-me como um simulacro a tiracolo. E me lembro da moldura do primeiro espelho. do corte que adormeceu meu dedo e da lambida no dedo que indicava o pensamento. que dói bem depois me lembrei do sangue desimpedido desenhando um sorriso na pele. Do ônibus que cheirava a carne apodrecida que não era a minha. mas esse odor instigou-me a encarar a finitude. Enquanto meu olhar fugia pelas janelas eu continuava sendo um pedaço rasgado de pele, apenas, e todo o tecido muscular que pulsava em um terminal rodoviário. À espera. Do mistério desse Algo refletido pela água dura dos vidros, me lembro que um pensamento me disse que como uma atriz preciso sair de mim mesma para me ver no outro, mas se sair de mim mesma como uma atriz, não poderei mais entrar, não será ainda a perfeição da morte, apenas perderei o controle e o espelho não será mais o sonho congelado, dentro do apesar de, eu não estarei mais viva aqui e hoje e serei simplesmente meu passado sem sombra de atualização e não poderei negá-lo mais no presente, voltar a si e lembrar de si são dois abismos absolutamente diferentes da capacidade de reconquistar a amizade com o animal do espelho que liquida o outro, por isso preciso sair de mim mesma, não como uma atriz, mas como uma solução-técnica para o êxtase, volto a pensar em minha bolsa, e em como meu destino é condicionado por essa sensação do trágico indo e vindo dentro da flutuação do tempo e por trás do trágico há o humor, o humor da perfeição da morte e ele me parece socrático, tudo o que envolve a morte tem um ar terapêutico de cura definitiva e de limpeza das palavras esse pó da Alma, antes de vir para cá vi um bando de surdos-mudos dentro de um ônibus, eles eram idênticos a minha própria existência aqui nesta sala de hospital, há uma força neutra nesta lembrança que me transforma em um fantasma apenas por dentro do meu pensamento, a enfermeira acaba de entrar, ela é uma prova viva da violência do meu fracasso em sair de mim mesma, fracasso que no fundo me ilumina, como o fim breve da fase das escrituras, da fase bíblica. Que foi como o meio da minha infância, que é a única coisa nítida fora do desfoque, a literatura foi apenas um dos efeitos do desfoque, a enfermeira me dá uma injeção de morfina e começo a escorregar para o supersono acordado. Agora há um recife na minha garganta e algas que se enroscam, tentando me sufocar ou me abraçar com o amor feroz. procuro o copo de água mas há embaçamentos e trinca-se a visão dentro da ilusão de consciência. Gotas de todos os medos caem e são circundadas pela solidão de dias e noites que passam por mim dentro de um lugar chamado 'instante- congelado'. Não entendo por que não consigo me desvencilhar daquele cheiro de carne apodrecida do ônibus. Mas também cansei de resistir e o aceito. inalo-o profundamente e toda a cena se reconstrói. a sensação é de que vem do velho senhor ao meu lado, que toma mais espaço do que o delimitado pelo banquinho do transporte coletivo que me aproxima cada vez mais de mim. Coloco-me numa posição de quase--saindo. De quem? É desconfortável, mas desaprovo o tamanho do senhor e o vejo, seu olho é de um branco tão branco que me esqueci do nojo da humanidade exterior e engoli-me como se eu fosse aquele buraco branco. Fecho os olhos e retorno ao quarto. engraçado como navego entre um pensamento e outro e o misterioso Algo permanece no mesmo lugar. E sei que não há culpas dentro da solidão profundíssima. Essas paredes me acolhem, mas como um abraço desengonçado do qual a gente deseja escapulir e não como o sempre-chegando abraço de Azrael, é sempre o mesmo cemitério dentro de mim, escavando minha alma que forja uma respiração de pássaro aquático. A mesma mão fria mexendo com minha veia de esperança onde o sangue é como a Graça, a mesma hora interior que não passa porque nunca existiu tempo algum. Quantos moram no instante-já dentro de mim? se eu morrer, ficarei em quem? qual escolha nos

é permitida? como se dá essa passagem de um sem-
-corpo a um espaço-fora-do-tempo? aperto o medo
afundando a cabeça no travesseiro, o Algo sem nome
arregala os olhos do meu quase-ex-corpo e entro na-
quele branco-de-antes, consigo ouvir a voz da minha
amiga ainda me chamando, o timbre é belo nessa al-
tura da profundidade. Ela apertava umas contas azuis
na tentativa religiosa de acalmar a si mesma, sobre
meu estado, clamando pelo Verbo-é, movo por den-
tro meus braços bem abertos no calor das veias que
precisam, exigem descansar, este deve ser o segredo
das nuvens sussurrado em sua própria língua que ja-
mais experimentei conscientemente, nuvens de san-
gue e de sonho, rasgando a cortina do finito, me lem-
brei de uma coisa, as estátuas dos anjos nos túmulos
nunca estão sorrindo. Esse estranho contraste entre o
não-sorriso das estátuas dos anjos e o sorriso totali-
zante dos mortos, é quase um contraste que explica
tudo. Sinto que minha amiga acendeu um cigarro ou
será que estou sonhando com o calor da fumaça de
um cigarro soprada no meu ombro direito ou no meu
braço esquerdo, se for um sonho não há muita dife-
rença, o corpo fica desproporcional, somos apenas
um olho enorme que investiga a antipresença

fora do ruído das imagens cada vez mais altas por dentro (a mentira do acordar) fundamento de todas as religiões ou o medo de não-respirar mais o próprio eu sufocando de tanta luz a revolução da nossa menor parte que arde na chama de todas as outras enlaçadas pelo sussurro luminoso desse ruído indecifrável tocando no sentido de todos os números invertidos na poeira da luz que retorna do futuro

O espaço está gritando SENDO OUTRA VEZ AGORA E TAMBÉM NUNCA ;

não é que eu exista e seja menos do que o que há "atrás do eu", atrás do pensamento, o que o eu dissimulava para ser fora do verbo Haver. E que está dizendo desista: a regra secreta no olhar do tempo é esse instante de nuvem morta e transparente, como se fosse possível ouvir agora minha voz na voz de qualquer desconhecido desintegrando-se diante do meu olhar que foi e é a canção dentro do espaço do inominável e será dentro desse instante branco como a senha no rosto da morta ou morto no interior de uma cela que é um jardim em uma floresta, desista porque o amor jamais desiste sobre a incidência que é a luz dentro

de uma sombra que era o desejo de estar novamente dentro de tudo. Delicada era essa costura em ponto de cruz, matéria e antimatéria atravessando o tecido deslembrado do Real em que se perfurava a agulha chamada de *Alma*, desista porque o amor não desiste, enquanto há no espaço de um nome o segredo do vazio que nunca se revelará enquanto gargalha alto, engolindo a súplica no olhar das nuvens, que estouram como o balão de água, agora Eu sou tudo o que racha às avessas, tudo o que explode ao contrário como a copa de uma árvore dentro da semente, tudo o que fende para dentro e sinto um tipo antigo de sede, sim, existe toda uma constelação de diferentes sedes dentro do meu espírito estou sentindo o desejo incontrolável de enfiar a cabeça dentro do Sol e beber o oceano que o criou, beber um grande gole de água amarela, estou possuído pela sede angélica, perto de mim, na cama, há um copo d'água com uma rosa vivendo nele. Como será sentir a sede dessa rosa no fundo do oceano ?
Saiu de mim a água que enchera o copo onde a rosa agora vive e eu tão maior do que ela, tão menos sublime, esvaziei-me para alimentá-la a fim de preferir sua vida menos tenebrosa, menos consciente e por isso, com mais direito ao sublime, pertencendo onde me

agarro com olhos amarelados e unhas arrancadas. Sou o que eu persigo. Toda delicadeza. Toda silêncio, Toda pensamento: na verdade, transformo-me no copo vazio. Sou o que veio antes da água chegar e fui bebida num gole só, na verdade sei como é esta outra sede não humana porque estou morrendo mais rápido do que antes. Estou dentro dessa coisa chamada: ' Clarice Lispector' e essa coisa é como ser um copo para a terrível ausência de um campo de rosas vivas no oceano, me lembro de um sonho onde dois anjos conversavam e um disse: "Não há solidão se esta não desfaz a solidão para expor o só ao fora múltiplo"
E o outro comenta: O Fora múltiplo sempre foi a amplidão mítica do mundo, o sorriso dos grandes espaços que se interiorizam através do canto e da dança, os encontros vivos possuem essa camada sinfônica mediada por silêncios suaves e levezas gestuais que eles, os sós e os profundamente sós podem sentir se liquefazer. E eles continuam

"Mas não há, aos meus olhos, grandeza senão na doçura. Direi antes: Nada de verdadeiro ocorreu senão pela doçura. A loucura por excesso, a loucura doce. pensar, apagar-se: O desastre da doçura." Diz o primeiro anjo. 'A doçura foi ela mesma uma antiga camada do ser, que contemplava a sua exterioridade a partir do fantasma do útero. Olhar nos olhos deveria ser o florescer da doçura entre eles, é certo que ouvirei meu nome quando se apagar o seu. diz o segundo anjo e depois de dizer isto eles se calam para todo o sempre,

Ela morre com o coração hermeticamente aberto em um açougue como qualquer outra ideia que tenta sem sucesso enlaçar o segredo que já havia antes do ser, para cancelar todos os sentidos antes do primeiro fim e abraçar as asas da brisa que nos alegrará sem percebermos com o frescor dos instantes que gritam silenciosamente dentro dos átomos, tremendo como passarinhos, o mundo no momento da separação entre a visão da vida como um quarto e a recém-chegada e logo esquecida sensação incompleta de sair de um sonho como uma luz enterrada dentro do paraíso, estaremos no ventre do Algo e seremos um nome dito por uma boca invisível que beijará o céu como a chuva beija o vento.

VOCÊ ESTÁ NO ÊXTASE
DO ESQUECIMENTO

E como se eu fosse uma árvore num descampado e um raio incendiasse minha copa, um raio gelado. Aqui em Berna o ar tem a mesma substância desse raio, a eletricidade fria do deus que é como um êxtase do vazio, a resplandecência seca do vazio onde ou eu ou mundo acontecemos, não há espaço nele para dois acontecimentos e é nessa etérea leveza da experiência que decido que é melhor que o mundo aconteça.
 Neste frio intenso de Berna é possível perceber que a noite é como um metal gasoso azul escuro, ontem estive na exposição de Michel Seuphor e vi a pintura que me revelou a primeira camada do mistério sondável, era uma série de linhas que costuravam um oceano dentro de um ovo. A dizer 'ovo' talvez esteja me traindo e revelando a fonte esmaecida do meu desejo de sondar o indiscernível que respira do lado de fora de um corpo, por isso existo no além que também é o corpo que felizmente ainda é o mundo. Quando se é o mundo perde-se o ser? E quanto mais ser menos o mundo é? Estaria eu confundindo o mundo com o amor?

A fumaça do cigarro no frio é mais nuvem do que antes, fumar é um gesto criado pelo desejo de ver a própria respiração contornando o pensamento e como fumante desapareço dentro do gesto como se parasse por dentro mas nunca desapareci no interior de um ex-pensamento, se fosse possível pensar essa árvore dentro da noite azul, talvez conseguisse desaparecer mas uma árvore é impensável porque ela simplesmente é. Preciso anotar isso, encontrar algum café aberto, não sei como caminhei até esse bairro afastado e deserto, como li certa vez em Kieergegaard é maravilhoso se perder, principalmente em uma cidade desconhecida, há algo que retorna da memória do nascimento ou de antes do nascimento dentro dessa sensação-vertigem de estranhamento do mundo e uma ínfima parte da memória pode conter todos os nomes de todos os lugares do mundo mas não sabe nada sobre eles, talvez ela saiba o que é uma árvore e para nos proteger, tenha enterrado essa verdade no fundo do que existe atrás do pensamento. Essa rua se parece com uma rua do Recife, o que sei é que o mundo foi criado pelo esquecimento, quando nos lembramos de algo há a falsa iluminação. A verdadeira iluminação é quando nos esquecemos de uma paisagem e num relâmpago de transparência nos lembramos dela no instante em que a vemos ou no instante em que estamos sonhamos com ela, que são o mesmo instante sempre. Existe também a outra falsa iluminação de quando sentimos que algo que está acontecendo agora foi sonhado antes. Paisagens sonhando conosco quando nos perdemos nelas, isso e o fato apocalíptico de saber que tudo o que existe ao nosso redor veio do mesmo sonho, alguém escreveu que a matéria é um sonho e o espírito a concretude do real, mas o que foi o real senão o jamais e o nunca da eternidade: que como nosso nascimento não teve começo, nem fim. Por isso está amanhecendo, o Sol e a morte nascem de repente e consigo ver a nuvem recém nascida do canto dos pássaros na árvore por causa do frio.

TEMPO

Doze anos são um enorme espaço no vazio 'do lado de fora' da consciência, o tempo que levamos para 'arregaçar as mangas' e começar essa estória sem começo que não acaba nunca, lá no mais fundo temos todos doze anos e essa imagem surge novamente quando despertamos
Fernando me incentivando a tentar ir mais 'para a superfície' onde o dizer, o sentir e o pensar perdem a inocência e voltam a ser selvagens, *pensei exatamente nessa palavra para nomear todo um fluxo de energia interior que se dissipa no rosto do seu pensamento* ele disse chego, onde tudo se confirma como uma transparência túrgida, essa é a estória do despertar de uma mulher para a selvageria da lucidez e outra imagem
Estou em ontem conversando com Lúcio que me aconselhou que escrevesse um 'romance de formação' e rimos porque ele depois corrigiu para 'romance de deformação' ele tentou ser uma pessoa completa que consegue dizer com imprecisão coisas exatas, a imprecisão que é como uma gagueira é o único modo de dizer com nitidez a ininteligência do mundo, ele pensou ou foi o que realmente escutei, *apenas na pintura alcançamos isso*, me ouvi dizer

O que faríamos se nossa vida fosse uma ininterrupta consagração ao instante, teríamos de ter a intuição que iria dilacerar nosso eu para sempre, ele que julga pensar a si mesmo finalmente saberia a verdade, preciso anotar isso antes de ir comprar rosas para Olga, é outra imagem no instante que já se converte em outra

É o lugar chamado Hoje não sei no sonho ou no real e recebo a visita de uma estudante de letras, tão tímida que fez nascer em mim uma ternura involuntária, fiz um bolo de chocolate para ela que se esforçava para ver meu rosto sem levantar a cabeça, naquela espécie de olhar indireto dos que estão aterrorizados pela vertigem de um encontro importante, como se eu fosse um tigre de bengala, disse a ela para se sentir à vontade porque eu não mordia

Este emaranhado de imagens não consegue capturar o que acontece e que resiste a ser escrito, lembro de um pensamento onde pensei em desistir da autobiografia, é um horror disse para meu eu de depois do fim do mundo, com ele avanço até o bloco de luz congelada ansiando pelo incêndio sereno da morte apenas pessoal, eu que tentei ser o fracasso do encontro com a verdade impessoal

Jamais quis ser 'uma escritora', apenas fabriquei alguns acasos que tornam a necessidade de explicar inútil, esse galho de árvore que o vento rege até que ele bata na janela como se tentasse acordar os vizinhos, foi o meu cerne Lúcio Cardoso teve um derrame, metade de seu rosto ficou paralisada e isso se assemelhava a uma irradiação de um anjo se liquefazendo em mudez. Estou narrado isso ou isso 'se narra' sozinho, a sensação que tenho é a do tempo de um futuro anterior que me visita e destroça os signos, não caibo nisso que se chama ' o escritural' O deus ao se tornar a natureza usou sua indiscernível luz de esquecimento e fúria e só quando adentramos no silêncio de nossa própria ausência, ele se lembra do mundo, outro pensamento retorna: você é judia mas não age como uma me disse Gullar, não é possível compreender a limitação que emana dessa frase por isso desconversei, precisamos morrer para que o mundo se torne real outra vez.

Não deve existir isso que chamam de 'o centro da solidão' mesmo quando isso se narra sabemos que os movimentos da energia do tempo nos duplicam em ele-ela e existe a leveza e a doçura do inexistido, agora é outro sonho e nele encontro esse trecho em A VIDA DE BUDA *"A contemplação da morte, quando a realizamos, quando se faz*

o grande caso, termina por ser de um grande fruto, de uma grande vantagem; há então a imersão no que não morre."
E há essa altíssima pergunta clamando por uma lógica do sentido: que importa se aceitamos ou não o inesperado caos, a pergunta é se ele nos aceita? Aqui é ainda o lugar imaginário ou o instante-já encobriu o universo? De qualquer forma ele não nos alcança Gullar chamou ÁGUA VIVA de *'minhas iluminações'* mas Rimbaud preferiu a sede da ausência e o poder do silêncio e ela abriu mão de todo e qualquer poder, principalmente o de não escrever mais

sinto meu esqueleto com sua pele e carne e pelo girando em torno do sol e olho o céu e se contorcendo, entre escombros, encenando lentamente o que poderia ter sido o inexistido e me ocorre num susto que temos uma floresta assustadora dentro do corpo, flutuando e se retorcendo como uma paisagem incendiada pela água

de tempos em tempos sinto o êxtase sutil que é também a agonia depois convertida em lucidez, ela é o pó flutuando na luz, procuro novamente o esvaziamento da paz vegetal, a síntese a transfiguração do impossível em sangue, fluindo debaixo do abismo azul com seus estilhaços de fogo esvoaçando por dentro e mesmo parada estou correndo como uma corça no escuro, na direção da cama-savana, na direção do campo de silêncios sem silêncio, me lembro de jamais ter ouvido minha voz chamar meu nome agora transubstanciado em outro corpo ou circunstância

meus cílios pressentem o peso do céu, reverberando em meus ombros e no restante do corpo, o sol entrando em mim e conhecendo célula por célula selvagem, caindo sobre meu corpo, o milagre pousando nos micro-objetos, estou em uma praia no fim da tarde e as espumas de passagem, carregam um quase acontecimento e começam a transmitir para os meus pés o sinal de reações que eu traduzo sempre como um estranhamento-entranhamento-estelar do momento dentro do tempo, encoberta por um estar sendo que não participa do existir como se houvesse o triunfo de finalmente se reconhecer no duplo de carne e sangue, no instante-nunca que separa o existir e o viver do antiquíssimo estar sendo, ficarei nesta zona ambígua de semisono até que a chuva caia sem aviso para que depois o improvável e misterioso raio de Sol, ela entre no mar, toque o meu corpo e me salve.

PORQUE O INFINITO É TRANSPARENTE

Me lembro de aos sete anos não conseguir enxergar o final da minha rua e isso agora me parece a prova de que o infinito existe em mim, essa é uma frase que ainda **não significa porque o infinito não significa** o tempo, é a coisa que está respirando por dentro da transparência, sei que ela vai dizer que ela a persegue obsessivamente porque o ininteligível é reivindicado pela matéria. A vida é hermética mas não para sempre. Estou no apartamento novo e há a elementar via crucis da mudança apenas do espaço, nunca houve o divórcio entre o espa**ço e o tempo por isso** digo 'apenas do espaço' e por isso jamais serei os dois novamente. A perseguidora é o nome do infinito transparente, vou chamá-la de *Iglis*

Em *Iglis* os tempos são simultâneos e se misturam com o não-tempo?
O que sonhamos quando dormimos em *Iglis*?

Uma parte de mim sabe a diferença entre o infinito transparente e a coisa, é essa parte que será o mundo através do esquecimento de si, digo para a estranha que acordou *Iglis*

Agora vamos nos misturar um pouco mais

DO MUNDO IMEDIATO

Hoje vou entrevistar Nelson Rodrigues que é meu vizinho aqui no Leme, chego e ele me pergunta se aceito um copo de água ou de leite com café, noto as flores em cima da mesa, bromélias e um girassol recém chegados, Nelson comenta que não entendeu meu livro e que por isso ele acha que 'escrevo para a eternidade e não para a fama, que ele considera um equívoco e abjeta', não devo transcrever aqui a entrevista, acho as entrevistas e transcrições uma delicada forma de violência mas a luta pela sustentação da vida nos leva a fazer coisas indivisíveis. Ao final carrego comigo o longo abraço deste homem marcado *como eu* pela profundidade oceânica da transfiguração da solidão em mundo imediato.

A REALIDADE CONTÍNUA DO SONHO

Tive um sonho indiscernível, antes de falar do que aconteceu nele para mim mesma, há esse pensamento que deve ter vindo de *Iglis* sussurrando para mim que os sonhos indiscerníveis são terríveis como as visões dos santos no deserto, o que faz de uma visão beatífica uma visão beatífica é justamente sua proximidade fatal com os sonhos indiscerníveis. Era um sonho onde eu estava sentada embaixo de uma árvore seca e o céu começava a se fechar, uma menina de cabelos trançados vinha correndo na minha direção e me dizia que era melhor sairmos dali porque o mundo iria começar e eu respondia para ela: isso significa que quando acordamos o sonho continua até o infinito

CAROLINA

Hoje fui ao lançamento de QUARTO DE DESPEJO de Carolina Maria, talvez o livro mais profundo que li nos últimos tempos e um dos poucos que despretensiosamente parece dar conta da realidade e não de uma realidade, ao me ver chegar ela sorriu com o rosto inteiro, algo que é raro no meio intelectual e que algo em mim estranha como se um reflexo do pôr do Sol que refletisse na superfície de um lago mostrasse também o nascer do Sol. Há uma força que surpreende nesse livro, ele é exatamente o oposto do que esperamos e por isso modifica as categorias do sublime, é um sublime comum que transforma a dor em apenas dor. Existem vários tipos de literatura mas apenas um livro verdadeiro consegue nos deslocar até o lugar onde estamos vivendo agora. Antes de ir embora ela me dá um longo abraço e diz que eu sou uma das poucas pessoas decentes e desmascaradas ali presentes. Ela viu o fundo do copo do meu ser.

O VAMPIRO E O TIGRE

Estou traduzindo um livro chamado ENTREVISTA COM O VAMPIRO, é um trabalho estranhíssimo esse de mudar uma língua de casa. O nome da autora é Anne Rice e a editora nada me disse além disso, é uma estória de amor e tem uma estrutura engraçada que me lembra vagamente Allan Poe mas sem o salto no abismo. Um dia gostaria de escrever uma estória de amor que fosse lida como uma estória de terror. Glauber me ligou ontem e me disse que quer mesmo filmar um livro meu, fiquei muda e depois de três ou sete respirações consegui dizer que só ele conseguiria e sugeri que ele filmasse ÁGUA VIVA, ele gargalhou bem alto e disse: 'Porra, Clarice só se eu fosse uma mistura de Rimbaud com Eisenstein, o que não é o caso. Esse é impossível e por isso mesmo aceito desafio.' Glauber é egoísta como todos os gênios e pessoas que estão marcadas pelo signo de uma feroz santidade, como a dos tigres que se deitam em roseiras. Que imagem tola! Depois ele se acalmou, eis um ser movido pela fúria de viver, que se autodeclara vivo para si mesmo e por isso mesmo pode ser cruel. E ele continuou 'A MAÇÃ NO ESCURO' este sim,

me pegou, há a tentação de filmar o infilmável, criar uma ilustração do abstrato, não caio mais nessa, no futuro irão fazer filmes insuficientes dos seus livros, porque o futuro será regido pela fome de insuficiência e a passividade prepotente do povo irá pedir todo tipo de embromação estética, será feito um close idiota e distorcido na barata em uma versão do seu épico metafísico 'A PAIXÃO SEGUNDO GH'
Glauber é excessivo como os gênios são mas é nisto que reside o fascínio labiríntico deles, me lembra um pouco Neruda em sua fala meio bíblica e tão direta que chega a assustar.

O ENGANO

Realmente jamais fui uma mulher das letras, o evangelho segundo são joão faz uma distinção entre a letra e o verbo e o verbo é a carne e a carne é o corpo e o espírito juntos, devo ter me enganado ao interpretar a distinção como uma separação, este é um engano que todos nós fazemos. É espantoso o momento em que acontece a revelação de que somos de carne e não de aço e pensamentos. Sempre desconfiei muito do pensamento, tudo o que sai da mente parece ser de mentira e só a carne é feita da matéria da verdade, como a pedra e o cão. Não fiz nenhuma distinção entre a carne da pedra e a nossa e este é um engano que funda o sagrado. Um engano necessário. Será que o pensamento alguma vez impediu alguém de matar? Ou há algo atrás do pensamento que é maior do que ele onde o humano se torna verbo? E alguém sabe lá o que é isso?

COMO UMA PINTURA ABSTRATA

Exatamente o meio de uma coisa em início, o silêncio da luz é quebrado e já estávamos aqui e era segredo, me lembrei de uma palestra em um Congresso sobre literatura e psicanálise, para meu espanto fui convidada e li um texto chamado O SEGREDO DA ROSA que escrevi "com Hélio Pelegrino", confesso que não entendo o texto e isso é o que me salva, vou reproduzir o texto aqui como quem mostra a entrada de um labirinto:

O SEGREDO DA ROSA

O corpo só consegue pensar as forças que o atravessam se não pensar a si mesmo, pensar as forças não significa sentir o mundo como parte delas. Como pensar o que nos atravessa e simultaneamente pensar o mundo e o corpo? É óbvio que o que está atrás do pensamento é o corpo que reúne em si os órgãos sem eu e a finíssima película indevassável do eu em dois tempos diferentes e a criação de uma terceira camada é imprescindível como respirar e esta terceira camada do tempo se chama esse instante, esse instante canta os órgãos sem eu que por isso possuem um é que permanece refratário ao pensamento organizado fora da sensação. Precisamos criar em nós o tempo que inclua o instante para que o mundo possa entrar em nós.

Existem imagens do pensamento mas não existem imagens do tempo, existem imagens dos modos do tempo mas a eternidade não existe como modos mas como o fundo do pensamento dos órgãos sem eu, há um fundo do pensamento que é quase que refratário a linguagem, na eternidade não existem dimensões do tempo porque as dimensões do tempo são modos pensáveis e a força da tua expressão como vivente está na tua capacidade de extrair novas dimensões do tempo, de sermos capazes de sentirmos afetos puros que só podem acontecer nesse instante, o espírito é filho da duração do tempo e ele faz a fusão dos instantes, os afetos puros são puros na medida em que nós pensamos como 'vida que nasce junto com o nascimento do tempo', é uma investigação de onde nasce o tempo-eternidade e onde perdemos a nitidez para podermos nos misturar com a eternidade, porque ela está aí onde tudo se mistura. De algum modo o que imaginamos ser tempo é um imaginação que necessita ser destruída para que aquilo que o tempo realmente é se apresente a nós através do afeto puro do instante, do afeto puro dos órgãos sem eu, do afeto puro da natureza que é uma parte da exterioridade destes órgãos que emanam o mundo em seu próprio tempo dividindo-nos milhares de vezes tantas vezes quanto os instantes que decorrem e de que forma nos comprometemos somente com a vida que nasce fora dos modos do tempo para pensarmos o tempo não como um enfraquecimento mas como uma força que nos atravessa e cria em nós a porosidade necessária para que nós também sejamos junto com tudo o que é?

É como se fosse possível 'vestir as coisas através mesmo da contemplação mais distraída', mesmo nesta vestimos o halo das coisas, a parte exterior de cada é,

QUE SE MOVE APENAS PARA FORA.
Contemplar é ganhar uma camada a mais de realidade e estar nu é retirar a última camada que nos separa da nossa finitude mais feroz, apesar disto temos fome de nudez e de ferocidade. Obviamente não me refiro a nudez apenas exterior mas a nudez do não-eu, a nudez do abandono das roupas da identidade, em nome de uma singularidade aberta, porosa e inclusiva.

Fazer com que o acontecimento nos atravesse é um gesto que nasce no halo, ser atravessado pelo acontecimento é uma condição da aura. A descoberta do mundo, como a descoberta do ovo pelo pássaro é a descoberta do halo, nascemos para que halo se abra para o acontecimento, não para sermos o acontecimento mas para fazer com que o que é fora de nós seja o acontecimento: ser o ovo, ser o halo, a memória quer ser futurível e assim nos ajudar nessa troca justa da aura pelo halo. Nesta transferência em que o ser não tem mais a intenção de ser porque ele prefere fluir e para isso necessita trocar seu centro que irradia uma repetição, pela luz esquecível que emana de cada gesto do seu corpo sem centro como um roubo da luz do mundo, e se agora mesmo percebermos que cada pensamento nosso é parte desse roubo, que o gesto que nasce no halo está anos luz atrás do pensamento, é parte de uma memória do futuro. De qualquer forma a vida se faz do impensável e exige que confiemos nela, confiemos no mundo e apenas nesse instante totalmente natural é que existe a confiança em um SI porque estamos dentro do halo e não mais presos na aura, só aí podemos elaborar uma música dentro do real necessário, um real sem finalidades e sem recompensas. O halo é uma passagem para essa nova dimensão do tempo chamada O INSTANTE, a aura é no máximo um estado de repetição de um estado, por um esforço de afeto é bom perder a aura, por não sabermos ser atravessados pela força do mundo podemos perder o comunicação com o halo, o sublime da comunicação é quando nos aproximamos do halo, o sublime da consciência é quando distraidamente perdemos a aura, São Francisco de Assis quando ficou nu, naquele momento de autêntica confiança no mundo, perdeu a aura e entrou no halo. A pergunta não deveria ser o que é o halo? Mas como faremos para tornar o real ainda mais real? Não haverá a necessidade de fazermos nada a não ser costurarmos nosso corpo novamente em nós com as linhas do sonho acordado que é um modo de transformar o tempo em espaço, o sonho acordado começa com a alegria

A transferência do eu para o é
Torna-se dificílima e rara quando perdemos o hábito da distração e do devaneio e nos convertemos em pessoas automáticas.
 O êxtase da distração e a expansão do devaneio exigem que sejamos o entre o eu que passa e não se sente passando porque sempre retorna ao ponto inicial no espelho e o é que explode na nossa cara e corpo como uma memória do futuro e no meio desse êxtase destinados a essa expansão não teremos outra escolha senão acontecer.

Na direção do real nos atinge através do sonho acordado e do espaço que nos atinge através do momento que não se cansa de nos inventar e refazer a cada movimento que sai de nós como uma onda de vida se quebrando nas rochas da linguagem, onda de vida se quebrando nas rochas da linguagem ou será o contrário.

Apesar de, os órgãos do corpo tem fome da selvageria dos bichos, deles emana a nostalgia feroz, a fúria que se mistura com o desejo de acontecer que possivelmente vêm junto com as frágeis manhãs interiores no fundo do esquecimento que criou o mundo E ESTE É O SEGREDO DA ROSA.

E quem é que vai saber que no meu primeiro carnaval no Recife eu me fantasiei de rosa?

O SONHO

Hoje ou ontem porque o tempo é indiscernível quando estamos sonhando, sonhei que estava sendo entrevistada por mim mesma, era um sonho translúcido e certamente eu não estava sendo mas ultra-sendo

Como nasce o texto, Clarice?

Sei lá, nasce no mundo e não em mim, nasce antes do pensamento que é elaborado sempre depois do mundo, nada mais desconhecido do que o mundo, não é mesmo? As fontes do mundo que estão atrás do pensamento se deslocam para fora, para fora do tempo onde o texto continua a nascer, quando digo que nasce no mundo quero dizer que nasce para o lado de fora da linguagem.

Vc chegou a responder a essa pergunta com outra, POR QUE VC BEBE ÁGUA?
Poucas coisas são tão bonitas quanto um copo d'água. Beber um copo d' água é um texto vivo, é fora do escritural como tudo o que é experiência antes de ser pensá-

vel. Beber um copo d'água acontece atrás do pensamento. Um ato que se realiza metade como sentir e metade como algo desconhecido. E essa metade que sente é uma miríade onde o sentir acontece como algo desconhecido, tão ininteligível que não conseguimos apreender com o pensamento que precisa se descolar do corpo para poder converter o ato algo que aconteceu sem que esse misterioso acontecer pudesse ser vivido sem a literatura, a escritura mental do mundo. Beber um copo d'água é realmente algo ininteligível como uma árvore ou um arco-íris. De que modo nossa fala deixa de ser literatura e VOLTA A SER UM ECO DA FLORESTA

Clarice vc quer escrever o texto que é o mundo e não o texto literário, é isso?
Sim. É isso! É o escritural como algo que acorda um sistema de vida (pausa) que existe fora das palavras. No outro lado.

Você acha que pelo texto o corpo se mundifica, nossa fala se assume como eco...
E como realizamos essa continuidade do sentimento desconhecido da vida?

(Neste momento acontece algo dentro do sonho, a pergunta fica inaudível e apareço diante de mim, de pé segurando uma rosa amarela e digo)

Isto é quando nós não estamos e o mundo está.

*(Agora sou eu mesma que pergunto e eu mesma que respondo, mas há uma diferença
terrível e maravilhosa entre as duas representações de mim)*

Clarice: Há uma natureza interna que se move para fora e só se revela pelo escritural? O escritural equivale a uma fala de atravessamento?

Clarice: *Não sei, há uma natureza desconhecida em cada movimento que fazemos para fora do ovo.*

Clarice: Agora acho melhor interrompermos este diálogo híbrido, porque precisamos amar e isto implica um distanciamento que une.

Clarice: *Em mim trata-se de 'ser o meio', não no sentido místico ou espiritualista, de ser um meio no agora, neste momento. De nós não sermos um final ou um centro, mas a passagem*

Clarice: Talvez se trate de uma obliquação, de uma passagem dentro do sonho do pronome eu para o mim e do mim para outra e de outra para eleela e depois para o it de

um outro rosto, já que nunca vemos plenamente nosso rosto, mesmo quando estamos sonhando, apenas a representação dele, talvez se trate de beber o rosto do outro-outra como um copo d´água.

Clarice: Poucas coisas no mundo são tão belas quanto um copo d'água. Talvez se trate de nos tornarmos translúcidos como um copo d'água e essa água que preenche o copo talvez seja a vida do mundo depois desse sonho.

Clarice: O que nós duas conhecemos é este movimento de transfigurar a solidão em sonho e depois em palavras, nosso tempo em palavras, nosso tempo dentro do ser das palavras.

Clarice: Como em nós para além dessa transfiguração se realiza a segunda transfiguração que é como uma lembrança que transformará nossa vida num sonho acordado?

Talvez após a extinção do eu-ela exista algo livre da forma, como os antigos deuses, caminhando através do orvalho, **talvez seja necessário interromper esse 'digitare stanca' para que algo possa falar com você sem a intermediação, porque a vida sem a intermediação começa no instante em que seu rosto que jamais foi você se mover na direção contrária ao imantado**

Já existiu um movimento sem causa e para ele vamos, o espelho é mais fundo do que o oceano que o completa.

O ENTRELAÇAMENTO
É A ÚNICA ALMA QUE EXISTE

Marly um dia me disse que a amizade é a segunda vontade da matéria. O vinho que bebemos e se funde com nosso sangue, a confirmação afinal de que a presença só existe se for compartilhada, sonhei que havia escrito isso me lembro agora, o sonho acordado deseja se fundir com os outros sonhos através da fragilíssima memória que fica, é uma história de amizade.

João gostava muito de meu romance O LUSTRE, 'você deveria persistir na objetividade das coisas que se expõe como são' foi um dos conselhos que ele me deu, não há em mim nenhuma possibilidade de entendimento do que seria a objetividade, 'isso para mim é um mito' respondi alguns anos depois, de qualquer forma, sempre desconversávamos sobre literatura e voltávamos a falar sobre futebol. 'As coisas me forçam a tratar delas como um arquiteto é forçado a tratar de assuntos de pedreiro', nunca entendi profundamente essa paixão dele pela palavra 'coisas'.

Neste ponto a duração se confunde com o tempo e há a conhecida sensação de pensarmos sem o pensamento, cores, parecidas com violeta ou amarelo mas não são, apenas se parecem. O mundo inteiro está preso em sua própria aparência e só se revela como sonho de um sonho e nesse clarão não há mais o corpo porque jamais houve o pássaro. Ângela olha para mim e diz sorrindo com os olhos como uma pedra de gelo incendiada que o céu estava o tempo todo dentro do

_____,

SÚMULA OU PÓLEN

Se eu fosse eu, sairia correndo de mim mesma. Eis uma sentença que de alguma forma explica a própria morte, a do outro permanece sendo o pólen do invisível, enquanto nós somos a flor

DO SILÊNCIO

Clarice, quando eu chegar
você vai explodir de tanto rir

Salve, Infinito

SOBRE O AUTOR

Marcelo Ariel é poeta, ensaísta e teatrólogo. Nascido em Santos-SP, Brasil em 1968. Autor de *Tratado dos Anjos Afogados* (Letra Selvagem), *Ou o Silêncio Contínuo poesia reunida 2007-2019* (Kotter Editorial-Prêmio Biblioteca Nacional 2020), *Nascer é um incêndio ao contrário* (Kotter, 2020) e *Subir pelo Inferno, descer pelo céu* (Kotter Editorial, 2021), *As três Marias no quadro de Jan Van Eick* (Fósforo/Luna Parque/Círculo de Poemas-2022), *Arcano 13* (Com Guilherme Gontijo Flores- Editora Quelônio-2022), *22 clareiras e 1 abismo poemaensaio* (Letra Selvagem, 2022) entre outros. É colaborador das revistas Quatro Cinco Um, EGaláxia e Cult e como autor convidado do Laboratórios de Criação — Escrita de Literatura e Teoria dentro do Programa de Estudos Comparados de Literatura Portuguesa (Pós-Graduação da Universidade de São Paulo, Letras/FFLCH). Desde 2016 coordena cursos livres de escrita, poética e filosofia em São Paulo.

Este livro foi produzido no Laboratório Gráfico
Arte & Letra, com impressão em risografia e
encadernação manual.